GUIDE

DE BEAULIEU

ET DE

Ses Environs

AVEC

PLAN ANNEXE

dressé par

BOVIS

Architecte

Dépôt dans les Bibliothèques des Gares du Littoral
et à l'Agence Internationale, à Beaulieu (Bovis, directeur)

GUIDE
DE BEAULIEU

ET DE

Ses Environs

AVEC

PLAN ANNEXE

dressé par

M. BOVIS

Architecte

NICE
IMPRIMERIE DES ALPES-MARITIMES
16, Rue Saint-François-de-Paule, 16

1899

HISTORIQUE DE BEAULIEU

EZE, SAINT-JEAN, CAP-FERRAT & VILLEFRANCHE

I

LE DÉPARTEMENT DES ALPES-MARITIMES

Le département des Alpes-Maritimes, dont Beaulieu fait partie, dépendait autrefois de la Gaule. Il était habité par les Ligures, nom donné aux habitants de la Ligurie, vaste contrée de l'Italie ancienne entre la Gaule et l'Etrurie (aujourd'hui la Toscane) et comprenant tout le pays situé au nord du golfe de Gênes.

Borné au Nord-Ouest par le département des Basses-Alpes, à l'Ouest par celui du Var, à l'Est par la frontière italienne, au Sud par la Méditerranée, il possède une superficie de 376.157 hectares et sa population, lors du dernier recensement, atteignait 265.155 habitants. Il est divisé en trois arrondissements : Nice, Grasse et Puget-Théniers. Ces arrondissements se subdivisent eux mêmes en 26 cantons et 153 communes.

Attirés par un climat d'une douceur exceptionnelle, séduits par les nombreux abris qu'offraient aux navigateurs les déchirures de la côte, les Phocéens qui avaient déjà fondé Marseille, établirent sur ces riants rivages d'abord leurs comptoirs, puis, encouragés par le succès, étendirent peu à peu le champ de leurs opérations, créant ainsi de véritables villes dont les deux plus importantes furent Nice et Antibes.

L'empereur Auguste fit de ce territoire une préfecture dont il établit la capitale à Cimiez. Ravagé par les Barbares

(Visigoths, Ostrogoths, Lombards et Sarrazins), le pays revint ensuite aux mains des Francs et fit partie de l'empire de Charlemagne jusqu'au démembrement de celui-ci en l'an 800. Il passa alors sous la domination des comtes de Provence qui le conservèrent jusqu'à la fin du XIVe siècle.

Possédé ensuite durant quatre siècles par les ducs de Savoie, il fut annexé à la France en 1792. En 1815, après la chute de Napoléon, il fut de nouveau placé sous la souveraineté des ducs de Savoie, devenus rois de Sardaigne, et ne redevint français qu'en 1860, à la suite du vote de ses populations, lesquelles se donnaient librement à la France.

La réunion du comté de Nice à la France eut lieu le 24 mars 1860.

Il n'est pas sans intérêt de rappeler le prodigieux développement acquis par le département des Alpes-Maritimes depuis son annexion et les sacrifices que le gouvernement français et les municipalités se sont imposés pour en faire le lieu de prédilection de tous ceux qui viennent y chercher, avec une température idéale, le confortable le mieux entendu, aussi bien sous le rapport de l'hygiène et de la salubrité que sous celui des différents services appelés à être utilisés par la foule toujours plus grande des fidèles habitués de ses rives.

Les petites cités ne sont pas restées en arrière. Elles aussi ont compris leurs intérêts. Elles ont rivalisé d'ardeur pour se mettre à l'unisson de leurs aînées et elles recueillent le fruit de leurs laborieux efforts.

A l'heure actuelle, le département des Alpes-Maritimes est destiné à devenir le grand sanatorium de la France ; il peut d'autant mieux remplir ce rôle que les villes du littoral, si bien situées et appropriées, se complètent, pour ainsi dire, par les villages de la montagne qui servent maintenant de résidence d'été. Il est peu de pays au monde qui présentent des accidents de terrain aussi grandioses ; aucun ne peut offrir une semblable opposition de climats et une végétation aussi variée.

BEAULIEU

Le coquet village, aujourd'hui l'un des joyaux du littoral, n'était, autrefois, qu'une petite station maritime appelée Anaon. Entouré d'une épaisse ceinture de collines qui l'abritent des vents du nord, sa superficie atteint environ 92 hectares. Il s'étend au bord de la mer, sur un développement d'environ trois kilomètres. Le terrain s'élève en pentes douces du rivage aux premiers contreforts de la montagne où s'échelonnent d'admirables terrasses exposées au midi.

De toutes parts on y jouit d'un merveilleux panorama sur le golfe de Beaulieu et la mer d'Eze, avec, à droite, le port de Saint-Jean et la presqu'île de Saint-Hospice, à gauche le cap d'Aglio et la Tête-de-Chien dominée par le fort de la Turbie. Il n'est pas rare d'y jouir, le matin, au moment du lever du soleil, d'une vue nette et précise des hauts sommets de la Corse.

La tradition veut que son nom lui ait été donné par Napoléon Ier qui, campé sur la colline de Saint-Michel et admirant le joli panorama qu'il avait à ses pieds, se serait écrié en italien : *Bel luogo!* (en français : Beaulieu.) Quoique ne renfermant pour ainsi dire aucune ruine digne de remarque, et malgré la modernité de son nom, Beaulieu existait déjà au temps des Romains. Il était, à cette époque, le théâtre de guerres incessantes et fut envahi par les Sarrazins et les Lombards qui, débarqués à Saint-Hospice, au pied de la tour que l'on voit encore aujourd'hui, pillèrent et ravagèrent toute la contrée.

La petite chapelle de Beaulieu, avec son chœur de forme cintrée, ses colonnes monolithes, son abside ellipsoïdale, ses fragments de chapiteaux, suffirait à elle seule à établir sa destination première d'ancien temple romain. En creusant les fondations de la Batterie, à deux pas de l'église, de même lors des travaux entrepris pour l'amélioration du port (1863), les ouvriers mirent à jour plus de cinq cents squelettes, des lacrymatoires, des lampes sépulcrales et des monnaies portant le nom et l'effigie de César et de Constantin, ce qui prouve surabondamment que ces terrains durent servir de nécropole à quelque colonie romaine installée dans ces parages.

Il y a quelques années, quand on abaissa le niveau de la place de l'église on retrouva de nombreux tombeaux construits avec de larges briques romaines, des ossements humains, des amphores, ainsi que quelques menues pièces de monnaies. Plusieurs de ces vases ornent aujourd'hui le musée de Nice.

Enfin, récemment, lors des fouilles entreprises pour la construction de la nouvelle église qui doit remplacer la petite chapelle actuelle, la pioche rencontra également des fragments de tombeaux, des débris de vases, de la verroterie, des aiguilles, des clous et différents objets dont la provenance et l'antiquité ne font aucun doute pour les connaisseurs. Ces objets, recueillis à quelques mètres du sol, servent actuellement à la reconstitution d'une époque lointaine et ne font que préciser certaines données autrefois mises en doute. On ne peut cependant nier que l'édification de la petite chapelle, à cette époque reculée, ne soit due à quelque événement heureux dont la commune de Beaulieu fut le théâtre.

Au Nord de la colline dentelée qui enserre Beaulieu, on trouve le mont Olivo, ainsi appelé autrefois, et que l'on nomme aujourd'hui l'Olivetto. C'est à cet endroit que fut construite la chapelle Saint-Michel, dont on voit encore les ruines, ainsi que le Castrum qui l'entoure, sorte de fort surplombant Beaulieu et élevé à la hâte par les habitants de Villefranche, dont la commune dépendait alors, et qui, chassés par l'invasion des Sarrazins, s'établirent dans cette position redoutable pour résister à leurs ennemis.

Actuellement, on accède à la chapelle Saint-Michel par un sentier abrupt tracé dans la montagne au lieu dit : la Calanca.

La notoriété de Beaulieu ne date, en somme, que d'un certain nombre d'années. On ne pouvait s'y rendre que par des sentiers escarpés, la plupart impraticables aux voitures, et qui le reliaient à Villefranche, à Nice et à Monaco. Ce n'est que depuis l'établissement de la ligne du chemin de fer, en 1866, et la construction de la route nationale, en 1868, que le modeste hameau, habité en majeure partie par des pêcheurs, commença à être connu.

A ce moment, le territoire de la commune était encore couvert d'oliviers qui passaient pour les plus beaux de la contrée, de figuiers, de caroubiers, de citronniers, d'orangers, de mandariniers, et son sol était abondamment garni d'une flore dont la variété n'excluait en rien la quantité : la violette sauvage, l'anémone et le glaïeul champêtre s'épanouissaient en liberté. Un certain nombre de masures, d'aspect délabré, dispersées un peu partout, s'y élevaient, donnant asile à une population évaluée à 480 habitants.

On remarquait encore, il y a dix-huit ans, à l'endroit où s'élève maintenant l'Hôtel Victoria, un olivier gigantesque appelé le Gros Olivier ou « Pignou, » qui passait pour le plus vieux et le plus colossal de la région. Il était déjà célèbre en 1515, sous François Ier, et mesurait 12 m. 50 de circonférence à la base. On venait de bien loin l'admirer et il passait pour une des curiosités du pays. Il fut incendié par un fou quelques années avant la construction du Victoria.

Quelques spécimens de ces gigantesques colosses existent encore aujourd'hui. La pitié des hommes les épargne parfois, et l'on peut en voir plusieurs qui, bien que gênants pour l'édification des futures constructions, sont parfois conservés au détriment de l'esthétique des murailles bordant les propriétés. On sectionne la pierre, et le géant, emprisonné bien malgré lui, sert de solution de continuité à la maçonnerie qui l'enserre, avec le secret espoir, peut-être, de s'en débarrasser un jour.

De superbes pins, sur le versant Nord de la colline, tempèrent agréablement l'agreste du paysage. Malheureusement, les constructions les font disparaître peu à peu, et l'on ne sait si l'œil doit se réjouir à la contemplation des coquettes villas aux persiennes bleu tendre, ou regretter le temps où le vert feuillage des anciennes frondaisons coupait seul l'horizon montagneux que l'on avait devant soi. Heureusement, la main de l'homme n'a détruit que l'agreste : la mer a résisté, vaste, immense, infiniment bleue, d'un éternel horizon.

L'extension de Beaulieu ne commença guère qu'en 1875, lorsqu'une Société mentonnaise acheta une partie des terrains disponibles, y fit construire les grands boulevards que l'on voit actuellement et vendit, en les lotissant, les terrains qu'elle possédait. De cette époque commence la vogue de Beaulieu. Attirés, séduits, charmés par la beauté de ses sites, la salubrité de son climat, la pureté de son air, les étrangers ne tardèrent pas à en faire le but de leurs promenades. Les plus audacieux y acquirent du terrain, y construisirent des villas et, l'émulation s'en mêlant, chacun désira posséder son morceau de terre et son *home*, au milieu d'une nature dont la prodigalité semblait excessive, tant elle s'était plu à répandre sur ce petit coin du monde tous les trésors dont elle disposait.

Cette vogue, constante et justifiée, ne se ralentit pas un seul instant dans la jolie commune. C'est alors qu'elle rêva de son autonomie et songea à se séparer de Villefranche. Elle avait tout pour cela : le territoire et les ressources. De puissantes influences agirent dans ce sens et, en 1892, elle fut déclarée commune et autorisée à s'administrer elle-même. Cette solution ne fit qu'augmenter sa renommée qui, déjà, se répandait au loin. Aujourd'hui, continuant sa marche ascendante, la florissante petite cité se voit recherchée par tout ce que le monde compte de notable ou d'illustre.

A côté des élégantes villas qui se sont construites, et qui atteignent aujourd'hui la centaine, de somptueux hôtels se sont édifiés, apportant un précieux concours au succès désormais consacré de la jolie station. Chaque année voit s'accroître leur nombre, et il n'est pas douteux que les stations rivales n'aient un jour à compter avec la popularité qui s'attache à Beaulieu.

La population fixe atteint aujourd'hui 1.050 habitants. Durant l'hiver, elle est augmentée dans une proportion très

BAIE DE BEAULIEU

grande. Il n'est pas exagéré de la porter au double, sans tenir compte, bien entendu, du renouvellement incessant et perpétuel des personnes habitant les différents hôtels[1].

Le port de Beaulieu, qui, grâce à la générosité souvent manifestée d'un bienfaiteur de la commune, fut agrandi il y a deux ans, peut recevoir maintenant de nombreux yachts et offrir un refuge bien assuré aux embarcations de plaisance de ses fidèles hivernants.

Si Beaulieu doit à son incomparable climat le plus clair de sa renommée, sa situation privilégiée entre Nice et Monte-Carlo aida puissamment aussi à son essor. L'étranger qui rêve de calme, de tranquillité ou de solitude s'y complaît volontiers, tout en ayant à portée de la main les plaisirs et les distractions de ces deux villes. Un quart d'heure à peine de chemin de fer le sépare de l'une ou l'autre et sa gare est sillonnée chaque jour par le passage de quatre-vingts trains lui permettant, pour ainsi dire à toutes minutes, la possibilité de rechercher le bruit ou le mouvement, la vie active, les grandes manifestations, sportives ou théâtrales, de prendre en un mot sa part de tout ce qui lui est offert par les aînées, Nice et Monte-Carlo, les reines de la Côte d'Azur.

Ce qui contribue également au succès de Beaulieu, c'est la facilité que possèdent les étrangers de s'y approvisionner en aliments de toutes sortes et d'y trouver les éléments nécessaires à une parfaite quiétude. Notaire, médecins français et étrangers, vétérinaire, dentiste, pharmaciens, architectes y demeurent en permanence, la plupart toute l'année. Un service de voitures de place et de luxe pour excursions, promenades, etc., de jolis bateaux de plaisance, une installation modèle de lawn-tennis, un manège vélocipédique, tout contribue à faire de Beaulieu l'endroit préféré des personnes venant hiverner sur le littoral.

Un système d'égout collecteur, et pour lequel la commune a dépensé largement, donne maintenant toute sécurité quant à l'hygiène et aide puissamment aux qualités de

(1) Le mouvement journalier des voyageurs à la gare de Beaulieu a atteint, l'année dernière, à de certains jours, le chiffre de 1.500.

« LA BASTIDE », propriété de lord Salisbury

salubrité que l'on est en droit d'attendre. L'eau et le gaz sont également distribués dans toutes les habitations.

La recette des postes, instituée de première classe du 1er novembre au 15 mai, facilite toutes les communications avec la France et l'étranger. Elle est également dotée d'une cabine téléphonique publique. Tous les hôtels ainsi que la plupart des villas sont reliées par le téléphone avec Nice, Cannes, Grasse, Monte-Carlo et Menton. L'installation prochaine de la ligne Nice-Marseille-Paris réalisera un grand progrès dans l'échange des communications téléphoniques à longue distance.

Les services religieux ne laissent également rien à désirer. En dehors de la petite chapelle destinée au culte catholique et appelée à disparaître pour faire place à une église plus spacieuse et en rapport avec la clientèle toujours plus nombreuse de Beaulieu, la localité possède encore un temple protestant anglican et un service du même rite en allemand. Ce dernier, encore à ses débuts, s'établira définitivement dans quelque temps dans un local *ad hoc*.

Beaulieu possède également un organe hebdomadaire, l'*Avenir de Beaulieu*, que dirige M. E. Rodier. Ce journal sert de trait d'union entre les différents membres de la colonie étrangère ; il publie chaque semaine la liste exacte de tous les étrangers descendus dans les différents hôtels et dans les villas ou appartements de la localité. les comptes-rendus des théâtres de Nice ou de Monte-Carlo, les divers renseignements intéressant la colonie hivernante et tous les faits susceptibles d'attirer l'attention des lecteurs.

La construction du tramway électrique qui reliera directement Beaulieu à Nice et à Monte-Carlo aidera puissamment aux commodités d'accès à ces deux villes. Côtoyant la magnifique route du bord de la mer, les étrangers qui useront de ce nouveau mode de locomotion pourront admirer à l'aise les splendides points de vue qui se dérouleront sous leurs yeux.

Enfin, et pour clore ce rapide aperçu, il est juste de mentionner la vogue des nombreux établissements horticoles de Beaulieu d'où partent, pour toutes les directions, les fleurs du pays du soleil, précieux témoignage d'une exceptionnelle température, qu'envoient aux moins heureux, dans les pays de brume, les privilégiés de nos stations hivernales.

Un Syndicat d'intérêt local, à la tête duquel sont placés les principaux propriétaires et notables de Beaulieu, s'intéresse particulièrement, dans la mesure de ses moyens, à l'embellissement de la localité et au bien-être de ses habitants.

III

EZE

A côté de Beaulieu, au Nord du cap Roux, et dans une position inexpugnable, s'élève le vieux village d'Eze. Bâti sur un rocher à pic, véritable nid d'aigle, le village paraît en majeure partie composé de maisons en ruines tellement celles-ci paraissent de lamentable aspect.

Au milieu du pays, et au point culminant, se dressent encore les ruines d'un antique château-fort qui dût évidemment avoir son époque célèbre au moment de l'invasion des Sarrazins et des Lombards. Il est douteux que ceux-ci aient jamais eu raison de ses défenseurs tant la position qu'ils occupaient paraît imprenable.

La population de cette commune, qui dépend de Villefranche, est aujourd'hui de 600 habitants. Confinés sur leur rocher, ceux-ci ne peuvent avoir que des vagues relations avec leurs voisins, vivant de cultures et s'adonnant surtout à la production des mandarines dont la renommée est proverbiale et laisse loin derrière elle les produits similaires cultivés à Blidah et dans les différentes cités algériennes et tunisiennes.

L'excursion à Eze est toute indiquée aux touristes. Ils ont le choix pour y accéder, soit en voiture par la magnifique route de la Grande-Corniche, d'où le regard embrasse le plus magnifique des panoramas, soit par le sentier muletier qui y conduit de la gare d'Eze. Le touriste qui ne craint ni la fatigue ni la rudesse d'un sol rocailleux, se trouve largement récompensé de ses peines au bout d'une heure de montée. La nature lui offre, durant cette excursion, un tableau de saisissant aspect et de réelle admiration.

La station d'Eze est située à cinq minutes de celle de Beaulieu et à environ trois kilomètres par la route nationale.

SAINT-JEAN

Le hameau de Saint-Jean est situé à peu près au centre de la presqu'île formée par la pointe de Saint Hospice et le Cap Ferrat. Il a une population fixe de 800 habitants. Il est formé d'une seule rue parallèle au rivage, bordée d'habitations et d'un assez grand nombre de villas échelonnées sur le versant Est. Le nombre de ces villas s'accroît continuellement et l'on peut prévoir le moment où le coquet village bénéficiera, lui aussi, d'une vogue incontestée qu'atténue malheureusement à l'heure actuelle les moyens de communication.

De grands travaux ont été entrepris dernièrement pour doter Saint-Jean de chemins et de boulevards destinés à favoriser les promenades et les excursions. La belle route qui en fait le tour est, dans l'hiver, très fréquentée par les promeneurs et les touristes.

A un quart d'heure du petit port, et vers le Sud, se dresse la vieille tour et la chapelle de Saint-Hospice, avec, au-dessous, le cimetière. On remarque, au bas de la tour, les débris des anciens remparts construits par Emmanuel-Philibert, en 1557, et démolis par le maréchal Berwich, en 1706. Ce sont les seuls vestiges de l'antique forteresse.

Le cap de Saint-Hospice, ou Sans-Soupir, comme le dénomment les marins, doit son nom à un vieil ermite qui y mourut en 521. Les prophéties du pieux anachorète l'avaient rendu populaire dans les Gaules et ses vertus consacrèrent définitivement sa mémoire.

Certains historiens prétendent qu'Hospicius était Supérieur d'un couvent de Bénédictins établi là et qui fut détruit par les Barbares. La légende rapporte qu'à l'époque où ceux-ci ravagèrent Port-Olive en 577, Hospicius les désarma par sa douceur et ses vertus et que l'un d'eux eût le bras « desséché » pour l'avoir levé sur le saint.

Le cap de Saint-Hospice fut le dernier rempart des hordes sarrazines et lombardes. Ils y furent exterminés en 973, par Guillaume, comte d'Arles et de Provence, sous les ordres duquel toute la population s'était rangée.

En 1527, les chevaliers De Rhodes chassés par les Turcs, obtinrent du duc de Savoie tout le territoire nécessaire à l'établissement de leur ordre. Ils le quittèrent bientôt pour Malte que leur cédait Charles-Quint.

La vieille tour de Saint-Hospice, qui date de l'époque sarrazine, demeure l'un des buts de promenade de tous les excursionnistes.

VUE DE LA POINTE DE SAINT-HOSPICE

V

CAP-FERRAT

Le Cap-Ferrat fait partie du territoire de Saint-Jean ;
tous deux dépendent de la commune de Villefranche. Il
doit son nom à des mines de fer qu'on supposait y exister
et dont, d'ailleurs, on trouve encore quelques traces miné-
ralogiques.

Vers l'an 970 de notre ère, il était recouvert de bois
et de futaies impénétrables qui servaient de repaires aux
Sarrazins. On ne pût les en déloger qu'en y mettant le feu,
ainsi qu'à la colline de Mont-Boron. Tout le pays resta
pour ainsi dire dénudé et ce n'est qu'en 1863 qu'on entre-
prit un reboisement judicieux des territoires du Cap-Ferrat.

A l'extrême pointe du cap, se trouve le phare dominant l'entrée de la rade de Villefranche. Son altitude est
de 58 mètres au-dessus du niveau de la mer, et sa portée
est de 12 lieues marines. Il a été construit en 1732.

Au Nord-Est de l'habitation des employés se trouve la
tombe d'un Anglais mort dans des circonstances restées
mystérieuses. La légende s'est emparée de cette mort et
l'on a brodé les plus invraisemblabes thèmes à ce sujet. La
vérité est qu'on y a enfoui les restes d'un jeune fils d'Albion,
mort d'un anévrisme, et qui fut emporté de Nice par
« fragments » embaumés. Ses restes furent déposés là par
sa famille. A cette époque il était défendu de laisser sortir
du comté le cadavre d'un protestant.

A côté du phare existe une batterie aujourd'hui déclas-
sée ; de même, sur un des points culminants de la presqu'-
île, une autre batterie se voit aussi, toute récente. En
arrière, le sémaphore déploie ses multiples signaux, au

CAP-FERRAT (Le Lac)

point le plus élevé du Cap-Ferrat. Son altitude est d'environ 90 mètres. A gauche, et faisant face à la rade, la Compagnie des Eaux a fait construire un immense réservoir destiné à alimenter les communes voisines. Ce lac est une des curiosités du pays, et le beau parc qui l'entoure un réel but de promenade.

En dessous, et en redescendant sur la rade, le promeneur rencontre les deux petits ports de Passable et de Grasseuil.

C'est près de Passable que le roi des Belges, Léopold II, a acquis d'importants lots de terrains destinés à l'édification d'une maison d'habitation, pavillon de chasse, etc.

L'avenir du Cap-Ferrat se dessine lentement mais sûrement, grâce à une Compagnie qui s'est rendue acquéreur de ce vaste domaine et qui ne néglige aucune occasion pour le doter de tout le confort désirable, tant au point de vue des routes qu'à celui du lotissement des terrains destinés à se garnir d'habitations particulières et de villas. Huit kilomètres de routes ont été construites par cette Compagnie qui ne paraît pas vouloir s'arrêter en si beau chemin. Elle a l'idée de construire un vaste hôtel, des villas, de créer des distractions sans nombre aux touristes, de développer en un mot son domaine et de le faire apprécier, toutes choses dont la réalisation paraît prochaine, grâce à la situation du Cap-Ferrat et au zèle des administrateurs de la Compagnie.

VI

VILLEFRANCHE-SUR-MER

L'histoire de Villefranche se rattache à celles des petites
communes dont la rapide description vient d'être faite. Comme
celles-ci, la vieille ville, aux rues raides et tortueuses, subit le
contre-coup des événements historiques relatés plus haut.
Souvent même elle en fut le point de départ. Son origine
est sûrement sarrazine ; ses maisons superposées en amphi-
théâtre, ses ruelles en escalier, la mosquée qui se, trouvait
autrefois à l'emplacement de la chapelle Saint-Roch en sont
des preuves irrécusables.

Quand les Phocéens se furent installés sur la côte, ils
entourèrent d'oliviers la rade de Villefranche et bâtirent
Olivula, à Passable. Au ixe siècle, Olivula fut dévasté par les
Sarrazins comme ils dévastèrent Beaulieu et Saint-Jean. C'est
à ce moment que les habitants s'enfuirent sur le mont Olivo,
au Nord de Beaulieu et qu'ils y construisirent le castrum dont
nous avons parlé dans la description de Beaulieu, et dont les
ruines se voient encore aujourd'hui.

En 974, battus par Hugues, roi d'Italie, et Guillaume,
comte de Provence, ils durent se réfugier à Saint-Hospice,
d'où ils furent chassés complètement quelques années plus
tard. Gibelin de Grimaldi, qui s'était bravement comporté
durant les différents combats livrés aux Barbares, reçut en
récompense le golfe qui baigne le littoral de Monaco à
Menton et lui donna son nom (Baie Grimaldi).

Olivula, après l'extermination des Sarrazins et la paix
dont elle jouit durant trois siècles (978 à 1295) ne se déve-
loppa guère. Ce fut Charles II d'Anjou, roi de Provence,
qui commença à lui donner son premier essor en déplaçant

peu à peu son centre et en édifiant les premières constructions au Nord-Ouest de la rade. Il la gratifia d'établissements maritimes, affranchies de tous droits d'entrée, et changea son nom en celui de *Cieuta-Franca*, qui signifiait alors : « ville franche d'impôts ». Par dérivation on fit Villefranche. Quoique cela, son développement semblait stationnaire. Les prélèvements de troupes destinées à guerroyer en Sicile, arrêtaient l'essor commencé.

Cependant la ville fut peu à peu fortifiée. On construisit six tours reliées entre elles par des remparts. La citadelle se trouvait alors au Nord-Est. On voit encore les vieux murs percés de meurtrières, les restes des ponts-levis et la fameuse tour carrée qui fermait l'entrée de la ville.

En 1557, Emmanuel-Philibert, qui construisait le fort de Mont-Alban, les remparts de Saint--Hospice et la citadelle de Villefranche, promit aux pêcheurs du village, presque abandonné, de leur envoyer une colonie de jeunes gens et de jeunes filles pour combler les vides laissés par la guerre de Sicile. Cette promesse fut vaine et la prospérité ne vint pas. Ce n'est qu'au commencement de ce siècle, et grâce à son admirable rade qu'un semblant de prospérité parût se manifester.

La rade de Villefranche a 2.900 mètres de longueur ; sa largeur est de 1.800 mètres, soit une superficie de trois millions quatre cent soixante mille mètres carrés. Un grand nombre d'illustres personnages s'y sont embarqués ou y ont séjourné. Parmi les plus célèbres on peut citer François Ier, en 1525, et Charles-Quint, en 1529. En 1538, l'armée de ce dernier campait au Mont-Boron et celle de François 1er à Saint-Laurent-du-Var. C'est à cette époque que le pape Paul III les y rejoignit et leur fit signer la trêve de Nice.

Villefranche, chef-lieu de canton des Alpes-Maritimes, a une population de 3.300 habitants. Très abritée entre la mer et le mont Soleïa, sa température est des plus agréables. Les ressources de la ville sont peu nombreuses. Elles se limitent à la pêche et au commerce provenant des navires ancrés dans sa rade. Depuis la suppression des docks de la darse, entrepôts des Russes et des Américains, Villefranche a beaucoup perdu.

LA RADE DE VILLEFRANCHE

Elle a pris cependant quelque développement sous le rapport foncier, grâce à la construction de quelques villas en bordure de la route nationale et autour de la place-d'armes.

Un certain nombre de personnages célèbres ont vu le jour à Villefranche, entre autres le savant Papacin, qui y naquit en 1710. Honoré d'Urfé (1567-1627), poète-romancier, y possède son tombeau. Paganini, l'illustre virtuose du violon, y fut de même enterré, mais sa dépouille mortelle n'y séjourna que quatre années, au Lazaret.

La garnison de Villefranche contribue heureusement à créer quelque animation dans la ville et à aider quelque peu à son commerce local. Le territoire de la commune renferme de nombreuses carrières de pierres très justement appréciées, ainsi que des fours à chaux qui tentent cependant à disparaître. On y récolte d'assez bonne huile, des caroubes, et certaine qualité de pommes de terre hâtive des mieux estimées. L'industrie de la fleur tente à s'y acclimater petit à petit, grâce à une exposition parfaite et à un climat tempéré.

NOTE MÉDICALE SUR BEAULIEU[1]

Les qualités médicales d'une station d'hiver découlent
d'un ensemble de conditions qu'on peut grouper autour de
facteurs principaux qui sont : la manière dont elle est située,
protégée, exposée ; le nombre, la beauté, l'accessibilité de
ses promenades et enfin la douceur de son climat.

Situation — Protection — Exposition

Beaulieu, placé presque exactement à moitié chemin
entre Nice et Monte-Carlo, est formé par un léger écarte-
tement entre la montagne et la mer, ce qui a permis de
comparer sa surface à celle d'un triangle : deux des côtés
sont constitués par les montagnes abris, tandis que le
troisième est le rivage de la Méditerranée. Ce rivage n'est
pas rectiligne, mais formé par la réunion de deux anses de
dimensions et d'orientation différentes ; la plus petite, la
baie de la Formica, située entre la presqu'île Saint-Jean et
la pointe de Pierre-Formigue regarde le Sud-Est ; la plus
grande s'étend jusqu'au Cap-Roux et fait face à l'Est, Sud-

(1) Les lignes qui suivent sont le résumé d'un travail antérieur
du Dʳ Hérard de Bessé, « *Beaulieu Station d'hiver* » *Paris 1898*,
auquel on peut se reporter pour de plus amples renseignements.

Est dans sa première partie. tandis que la seconde, près du Cap-Roux, est exposée au Midi.

Toute cette côte est protégée d'une façon admirable par une ceinture de montagnes qui, nous l'avons dit, forment en quelque sorte les deux autres côtés du triangle.

Du côté Nord, nous voyons une ligne longue et continue de rochers abrupts, les rochers Saint-Michel, véritable muraille à pic de *400 mètres* d'altitude, au pied de laquelle les villas sont comme en espalier. Cette protection est remarquable à de multiples points de vue : d'abord par sa *proximité*, ensuite par sa *continuité*, enfin par son *élévation*, conditions qui, réunies, la rendent absolument efficace. Elle l'est d'autant plus, qu'à quelques centaines de mètres en arrière de ce premier abri s'en trouve un second, constitué par le Mont-Pacanaglia et par le Mont-Fourche dont l'altitude atteint 600 mètres. On voit donc qu'il est *matériellement impossible* qu'on sente à Beaulieu le moindre souffle venant du Nord.

Du côté de l'Ouest, la protection est assurée par la chaîne du Soleyal et la Crête de Serres, qui s'étendent du col des Quatre-Chemins jusqu'au Cap Ferrat et par le massif du Mont-Boron. Grâce à ces deux lignes d'abris, les vents d'Ouest et de Sud-Ouest (mistral) ne soufflent à Beaulieu que très atténués.

Cette disposition crée des avantages exceptionnels qu'on ne rencontre guère à ce point qu'à Beaulieu seulement et qui ont fait donner à la partie voisine du Cap-Roux le nom de « Petite-Afrique », tant la température y est constante et douce. Le reste de Beaulieu jouit du même climat, mais il est évident que ce sont surtout les villas accrochées au flanc des rochers Saint-Michel que devront rechercher ceux qui veulent le soleil et la constance de la température.

De même, ils devront éviter la gorge de *la Murta* formée par la rencontre des rochers Saint-Michel et de la chaîne du Soleyal. Toujours à sec, s'enfonçant très peu dans la montagne, on ne peut comparer le torrent de la Murta avec le Paillon, de Nice, ou le Careï, de Menton, ni même avec le torrent de Sainte-Dévote, à la Condamine ; cependant il est

MONTS SOLEYAL & SAINT-MICHEL (Gorges de la Muerta)

le siège d'un courant d'air. Au coucher du soleil, l'air froid, plus lourd, descend le long des pentes, se réunit dans le ravin, comme le ferait de l'eau, pour dévaler vers, la mer. Si peu considérable que cet inconvénient soit à Beaulieu, en raison de la brièveté de la Murta et de la proximité des montagnes, il est suffisant pour qu'on doive éviter de se mettre sur le passage de ce courant d'air froid.

Le versant du Soleyal et de la crête des Serres a le défaut d'être privé de soleil un peut tôt, surtout en décembre et janvier, aussi préférons-nous celui des rochers Saint-Michel.

De l'exposition générale nous ne dirons qu'un mot : le soleil inonde notre station de ses rayons chauds et lumineux autant que n'importe quel autre endroit; or, le soleil c'est la vie.

Nous nous appesantirons, au contraire, davantage sur la question des promenades, d'autant plus intéressante que peu de stations réunissent, comme Beaulieu, une protection parfaite avec des promenades nombreuses et faciles, répondant à la fois aux exigences du médecin et à celles du touriste.

Pour la commodité, nous diviserons les promenades de Beaulieu en deux groupes : A) *La presqu'île Saint-Jean ;* B) *La Montagne,* et nous donnerons, pour chacun de ces deux groupes, des indications qui, *jointes à l'examen du plan,* permettront à chacun de choisir sciemment la promenade qu'il fera suivant les forces, l'heure du jour et le vent régnant.

A) La presqu'île Saint-Jean. — Disons d'abord que la presqu'île Saint-Jean offre des promenades variées, faciles, dont quelques-unes seulement franchissent des côtes rapides et qui, pour la plupart, sont peu poussiéreuses.

Une chaîne de collines hautes et escarpées la partage en deux versants, l'un Est, l'autre Ouest, abrités des vents opposés. Le premier, situé au Levant, sera choisi le matin et par vent d'Ouest, tandis que le second, exposé au Couchant, est préférable le soir et par vent d'Est.

Disons maintenant quelques mots des principaux chemins que pourra suivre le promeneur :

VILLAGE DE SAINT-JEAN ET CAP SAINT-HOSPICE. — Sur la crête de ces collines qui partagent la presqu'île en deux versants, passe le *Chemin des Moulins* qui, parti du pont Saint-Jean, rejoint la route de grande communication de Saint-Jean. Sur ce chemin se trouvaient deux moulins à vent ou vigie romaine, aujourd'hui en ruines, d'où son nom. Il monte assez rapidement sur le sommet de la colline et se trouve exposé à tous les vents, excepté à ceux du Nord ; en revanche, il est en plein soleil toute la journée, et de là le promeneur jouit d'un panorama superbe à l'Ouest, sur la rade de Villefranche, à l'Est sur Beaulieu et la côte jusqu'à Bordighera.

Le très pittoresque *Chemin de Beaulieu à Saint-Jean par le bord de mer*, bien protégé du vent d'Ouest, reçoit le soleil du matin ; il est sans poussière et plat. Le *chemin des Fosses* et ceux du *Cap Saint-Hospice* sont dans les mêmes conditions et en même temps ombragés. L'*anse des Fosses* et celle des *Fossettes*, admirablement abritées, surtout de l'Ouest, mais aussi de l'Est, sont d'excellents endroits pour se reposer. Nous recommandons spécialement l'*anse des Fossettes*, où se trouve, au pied d'une colline, un bois de sapins remarquablement exposé. Le versant Ouest de la colline que surmonte la tour de Saint-Hospice, lui aussi boisé de sapins, est également très bien situé, mais moins à l'abri du vent. Le *boulevard Amélie-Pollonnais* jouit de la même exposition que le chemin du bord de la mer, mais avec un peu moins de soleil ; en revanche, il est encore mieux abrité de l'Ouest, sauf au point où il est traversé par le chemin qui monte assez rapidement vers la *grande route de Saint-Jean à Beaulieu et Villefranche.*

Cette route, un peu poussiéreuse, part du *pont Saint-Jean* et, dans la première partie de son trajet, monte le long du versant Ouest de la presqu'île, dominant la merveilleuse rade de Villefranche ; elle est alors abritée de l'Est et ensoleillée pendant toute l'après-midi ; mais, dans la seconde partie de son trajet, elle passe sur l'autre versant et descend jusqu'à Saint-Jean avec l'exposition inverse.

Sur cette artère principale viennent se brancher un certain nombre d'autres voies, desservant le *Cap-Ferrat*, sauf celle qui, très abritée de l'Est, exposée au soleil couchant, descend en pente rapide, au milieu des arbres, vers le petit *port de Passable.*

La *route* et le *sentier de Passable*, qui montent au lac,

sont dans les mêmes conditions, mais moins abrités et moins ombragés. Enfin, un autre chemin, passant près de la chapelle Saint-François, monte rapidement de la grande route jusqu'au *rond-point.*

CAP-FERRAT. — Ce rond-point est situé à l'entrée du domaine du *Cap-Ferrat,* propriété d'une Compagnie qui y a tracé des chemins et des sentiers nombreux, permettant d'en admirer les beautés, et qui y a multiplié les attractions au point d'en faire, en quelque sorte, le Bois de Boulogne de Beaulieu ; aussi, allons-nous en parler avec quelques détails :

On peut aller de Beaulieu au Cap-Ferrat par différents chemins : l'un mène au Lac, nous en avons parlé déjà (chemin de Passable) ; deux autres au Rond-Point, enfin, deux sentiers partent de Saint-Jean et rejoignent, l'un l'avenue de la Corniche (versant Est), l'autre le boulevard de l'Est.

Les deux chemins qui aboutissent au Rond-Point montent rapidement : l'un, ombragé, exposé au Levant et abrité de l'Ouest, part de Saint-Jean ; l'autre (dont nous avons parlé déjà) se détache de la grande route. Le premier sera préféré le matin, d'autant plus que la promenade de Saint-Jean est surtout recommandable le matin.

Enfin, si on prend le chemin des Fosses, on pourra encore accéder au Cap-Ferrat par deux sentiers : l'un, très escarpé, grimpe sur le flanc Est du Cap ; très abrité de l'Ouest, mais peu ou pas ombragé contre le soleil du matin, il rejoint le boulevard de l'Est. L'autre, longe le bord de la mer au pied du promontoire, et gagne, en pente douce, l'avenue de la Corniche ; lui aussi, très protégé de l'Ouest, est en plein soleil le matin.

Disons enfin que de la gare de Beaulieu il y a environ 1.500 à 2.000 mètres pour aller au Lac ou au Rond-Point, suivant les chemins : soit environ 30 minutes de marche.

Une fois au Rond-Point ou au Lac, le promeneur aura le choix entre des routes nombreuses. Comme le reste de la presqu'île, le Cap est partagé en deux versants : Est et Ouest, l'extrémité même du promontoire formant un troisième versant au Midi. La partie où se trouvent le Rond-Point et le Lac est constituée par un plateau et, comme telle, balayée aussi bien par le vent d'Est que par le mistral : les jours de grand vent on devra donc l'éviter, ou le traverser rapidement dans sa largeur pour gagner les pentes mieux abritées du *Sémaphore*. Ces versants sont d'autant mieux protégés qu'on se trouve plus près de leur base et d'autant plus longtemps ensoleillés qu'on est plus près du sommet. C'est ainsi que, du côté Est, *l'avenue et le sentier de la Corniche* parfaitement abrités de l'Ouest, n'ont du soleil que le matin, tandis que le *boulevard de l'Est* et *l'avenue de la Source*, moins garantis, ont plus de soleil.

Du côté de l'Ouest, tout le flanc du Cap-Ferrat est couvert d'une forêt de sapins qui y maintiennent une température égale et douce, en même temps qu'ils tamisent les rayons du soleil ; aussi considérons-nous qu'il est impossible de trouver une promenade meilleure pour l'après-midi et par vent d'Est. Le boulevard de l'Ouest est situé à mi-côte, bien à l'abri de l'Est, et s'il ne reçoit pas les premiers rayons du soleil, il jouit de ses derniers ; les petits sentiers de *la Corniche*, de *la Réserve*, de *la Grotte*, situés plus ou moins bas dans une côte abrupte, passent tantôt dans un fouillis de verdure, tantôt sur le flanc de roches gigantesques et constituent une promenade saisissante par sa grandeur sauvage, charmante par sa verdure et par la vue qu'on y découvre sur la mer, le Var, Antibes, l'Estérel, etc. Malheureusement, elle est un peu fatigante lorsqu'il s'agit de monter rejoindre le boulevard de l'Ouest ; aussi conseillons-nous de la faire en partant du restaurant ; au *Phare*, en effet, une voiture peut vous attendre, et en tout cas la montée est bien moins rapide.

De l'extrêmité du Cap, nous ne dirons qu'un mot, c'est qu'il est en plein Midi et que si le soleil y darde tout le jour, les vents de l'Est et de l'Ouest y soufflent sans obstacle.

Nous n'insisterons pas non plus sur *l'avenue de la Mer*, sur le *Belvédère*, le *Sentier du Sémaphore*, la *Cascade*,

VILLAS SALISBURY & LIVESEY

l'*avenue de la Cascade*, etc...., qui, situés sur la crête, n'ont jamais le soleil caché, mais sont en revanche plus ou moins exposés aux vents d'Est et d'Ouest. Par temps calme, cet inconvénient disparaît et il ne reste plus que les avantages du soleil et d'une vue merveilleuse sur la mer, la côte et la montagne.

Bien quelle ne soit pas dans la presqu'île, nous rattacherons au Cap-Ferrat la promenade de Villefranche par le bord de la mer entre la mer et la ligne du chemin de fer [1]. Abritée du Nord, de l'Est et de l'Ouest, le soleil du matin et de midi y donne très directement, sans arbres, ce qui peut être un inconvénient. Une fois au port de Villefranche on peut regagner la presqn'île en bateau et débarquer soit à la Réserve, soit à Passable ; nous ne recommandons pas le retour par la grande route, d'abord parcequ'il faut monter beaucoup pour l'atteindre, ensuite parceque très fréquentée par les voitures elle est assez poussiéreuse, chose regrettable, car elle est pittoresque et offre une vue superbe sur la rade de Villefranche.

B) La Montagne. — Les promenades dans la montagne sont trop nombreuses et trop variées pour que nous puissions en parler en détail. Nous donnerons seulement des indications générales à leur sujet.

Les montagnes entourent Beaulieu en formant deux versants : versant des *Roches Saint-Michel*, versant du *Soleylal et de la Crête des Serres ;* le *Vallon de la Murta ;* les sépare et forme un chemin d'accès facile et pittoresque dans la montagne.

Vallon de la Murta. — Ce vallon reçoit peu de soleil si ce n'est le matin ; en revanche, on n'y sent que peu ou pas les vents d'Est et d'Ouest. L'après-midi il est d'autant plus frais que la température est chaude et au coucher du soleil il est le siège d'un courant d'air froid

---

(1) Ce chemin est un peu difficile, mal tracé et, surtout à un endroit, peu accessible à des dames.

assez marqué. Il est donc recommandable comme promenade du matin aussi bien par vent d'Est que par vent d'Ouest.

Par ce chemin on peut gagner : à gauche, l'avenue Léopold II et la Grande-Corniche : à droite, les chemins du Syndicat local sur le versant Sud des rochers Saint-Michel.

VERSANT DES ROCHERS SAINT-MICHEL. — Ce versant est exposé au soleil depuis le matin jusqu'au soir et abrité contre les vents du Nord, Nord-Ouest et Nord-Est. Dans sa partie inférieure il est boisé et constitue une promenade excellente ; la partie supérieure est au contraire dénudée, les chemins y sont assez abrupts, le soleil y est très chaud et souvent même trop.

Il est parcouru par des chemins escarpés, pour la plupart créés et entretenus par le Syndicat d'intérêt local [1]. Le principal part de la Petite-Afrique et va au Belvédère [2] après avoir été rejoint au Rond-Point par un autre sentier qui vient de la Gorge de la Murta. — Du Rond-Point part également un chemin de chèvre qui conduit à la chapelle Saint-Michel (*dangereux*). Le panorama qu'on découvre du Belvédère est un des plus beaux qu'on puisse voir ; à l'Est, la vue s'étend jusqu'à l'Estérel, sur Nice, le Var, Antibes, Cannes ; à l'Ouest, on aperçoit la côte jusqu'à Bordighera, à ses pieds on a Beaulieu, la presqu'île Saint-Jean, Villefranche et sa rade, enfin par les temps clairs, la Corse apparaît nettement à l'horizon.

Derrière les rochers Saint-Michel se trouve le vallon Saint-Michel se dirigeant vers Eze et où s'engouffre le vent d'Est. Le soleil ne pénètre bien que le matin, aussi est-il un peu humide : il ne devra être parcouru que le matin. Dans ce vallon descend un chemin allant du Belvédère à la mer d'Eze, en passant derrière le Cap-Roux.

VERSANT DU SOLEYAL ET DE LA CRÊTE DES SERRES. — Le versant du Soleyal et de la Crête des Serres est exposé au

---

(1) On va construire cette année des boulevards sur la partie inférieure de ce versant qui est exposée et abritée d'une façon unique.
(2) Ce chemin peut être fait à âne ; il est trop fatigant pour des malades.

soleil levant, protégé du vent d'Ouest et très ombragé. C'est donc le matin, surtout si le mistral souffle, qu'on devra y aller.

Plusieurs chemins peuvent servir à faire des promenades de ce côté de Beaulieu.

Le *chemin de la Madone-Noire* part des gorges de la Murta et monte assez rapidement dans la verdure jusqu'à la chapelle de la Madone-Noire. Puis il redescend sur le versant Sud du Mont-Soleyal jusqu'à Villefranche, où il rejoint la route nationale à l'endroit appelé *Malariba*, du nom de cette pente rapide. Dans la première partie du trajet on domine Beaulieu, Saint-Jean et la mer, dans la seconde on voit à ses pieds la rade et la ville de Villefranche. Bien abrité, ombragé, ce chemin est un peu fatigant.

Aux environs de la Madone, il croise le *chemin de la Crête des Serres* qui, parti de la route nationale, près du pont Saint-Jean, monte dans les collines boisées qui abritent Beaulieu de l'Ouest.

Enfin, toujours aux environs de la Madone, le *chemin de l'Acris*, suite du chemin de la Crête des Serres, monte très rapidement pendant 200 mètres et rejoint l'avenue Léopold II.

Cette *avenue Léopold II*, belle route *carrossable*, part de Villefranche et monte en faisant de nombreux lacets jusqu'au Col des Quatre-Chemins où elle rejoint la Grande-Corniche après être passée à côté de la Bastide de lord Salisbury et de la propriété du roi des Belges et avoir offert à plusieurs reprises des belles échappées ; bien exposée, à l'abri du vent du Nord, d'une pente facile, elle a le défaut d'être assez poussiéreuse, étant fréquentée par les voitures qui la suivent afin de rejoindre la route de la Grande-Corniche [1].

La route de la *Grande-Corniche* est trop connue pour nous arrêter. Si elle a l'avantage d'offrir des points de vue superbes, d'être généralement assez bien abritée et exposée, elle a en revanche de grands inconvénients : d'abord la poussière, ensuite les courants d'air dus à la configuration du terrain qu'elle parcourt, enfin des différences brusques de température venant de ses diverses expositions.

[1] Ce chemin est le plus court pour rejoindre la route de la Grande-Corniche en venant de Beaulieu.

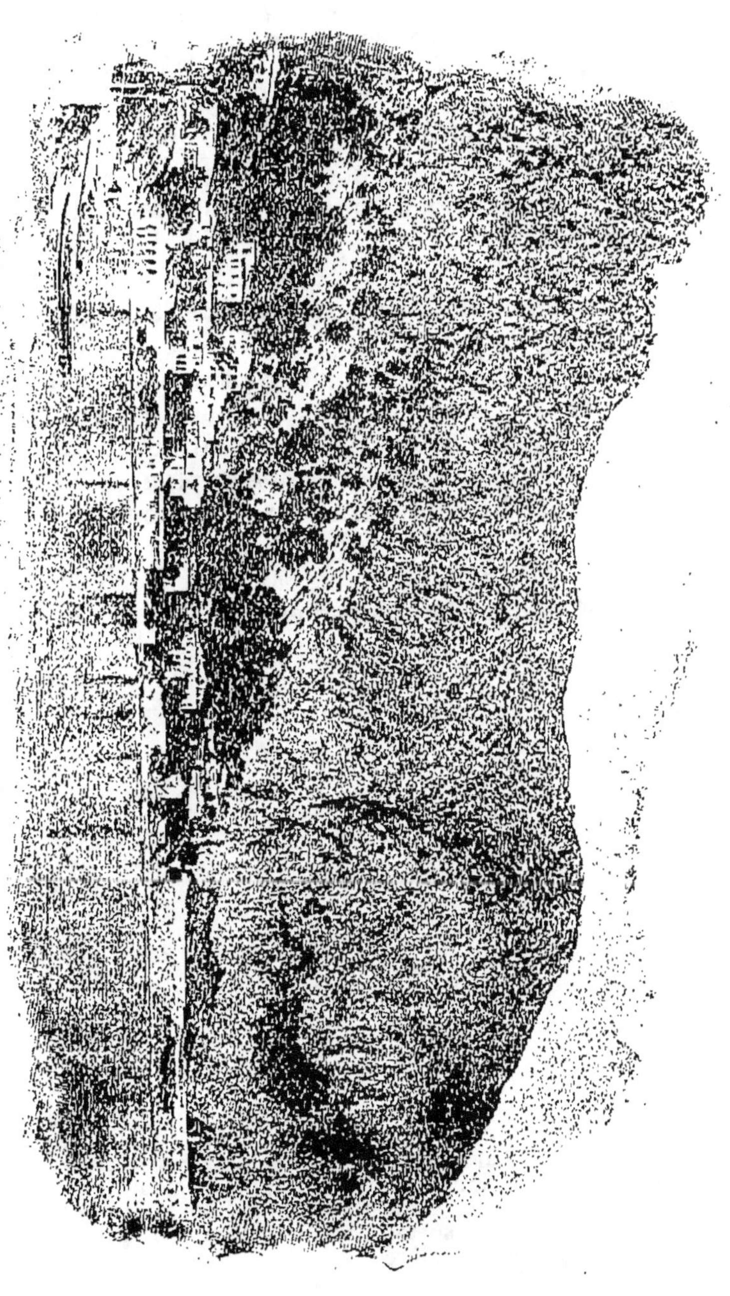

PETITE-AFRIQUE

En la suivant du côté de la Turbie, on renĉontre la route carrossable conduisant au village d'Eze [1] un peu plus loin on arrive à la Turbie (trois heures de voiture partant de Beaulieu et passant par Villefranche et les Quatre-Chemins).

La Turbie, reliée à Monte-Carlo par un chemin de fer à crémaillères, est en quelque sorte le centre des principales excursions de la région ; une des plus recommandées est celle de Laghet.

Les jours de grand vent on fera bien de ne pas s'approcher du sommet des montagnes-abris et si on atteint la crête on ne sera plus protégé du tout, c'est évident. Ces jours-là, on fuira également les grandes routes où le vent soulève des nuages de poussière. C'est le cas pour la grande route de Saint-Jean, mais surtout pour celle de Monaco où les voitures se suivent et se croisent sans interruption et à toute allure. Elle conduit de l'autre côté du Cap-Roux à l'anse d'Eze, dont une moitié (celle près du Cap-Roux, est à l'ombre dès 10 ou 11 heures du matin et par suite froide et humide ; de plus, de nombreux courants d'air arrivent par les brèches des montagnes. Pour toute ces raisons et aussi à cause de la route qui y mène, nous ne recommandons pas cette promenade.

---

(1) Un chemin rapide, accessible aux seuls piétons, mène en une heure du village d'Eze à la gare et à la mer d'Eze ; exposé au soleil du matin, abrité du vent, ce sentier est très fatigant. A ceux qui voudraient le suivre, nous conseillons de venir par le chemin de fer de façon à éviter la route de Beaulieu à Eze qui, sillonnée de voitures de toutes sortes, est à certaines heures presqu'impraticable, grace à la poussière.

Climat

Toutes ces promenades dont nous venons de parler, sont d'autant plus agréables et salutaires, que les conditions extraordinaires où Beaulieu se trouve à tous les points de vue, font qu'il jouit d'un climat exceptionnel. Ici, en effet, les vents locaux sont imperceptibles par suite de la proximité des montagnes ; le vent du Nord ne peut être senti, et du côté de l'Ouest la protection est assurée par deux chaînes de montagnes. L'Est, le Sud-Est et le Sud sont les seuls côtés ouverts, mais nous savons que le Cap-Ferrat offre des promenades à l'abri du vent d'Est ; d'ailleurs, aucune station de la Riviera n'est abritée de l'Est.

Malgré cette situation unique, à Beaulieu comme partout, au moment du coucher du soleil, on éprouve une sensation de froid parfois assez marquée. Ce froid, plus apparent que réel, plus sensible à la peau qu'au thermomètre, est dû à la *radiation* par un mécanisme expliqué dans *Beaulieu station d'hiver*. Il est facile de parer à cet inconvénient, en empêchant ou en diminuant la radiation. Pour cela, pelisses et fourrures sont superflues ; il suffit de se couvrir les épaules et le dessus des bras (où la radiation, c'est-à-dire le froid, atteint son maximum) avec un vêtement qui sera, ou bien assez mince, mais un peu imperméable et mis de façon à interposer, autant que possible, une couche d'air entre le corps et lui ; ou bien d'un tissu moufflu, genre *tissu des Pyrénées*, qui retient de l'air dans sa texture lâche [1]. La forme du vêtement importe peu ; la principale chose étant de protéger les épaules et le dessus des bras, le genre plaid, châle, etc., est très pratique.

(1) Il n'y a pas de plus mauvais conducteur de la chaleur qu'une couche d'air, et il s'agit d'empêcher la soustraction de calorique du corps sous l'influence de la radiation.

Ce phénomène du froid au coucher du soleil est peut-être moins marqué à Beaulieu qu'ailleurs ; car, comme on peut le prévoir, la température moyenne de l'hiver, 11° [1], y semble plus élevée que dans la plupart des autres stations hivernales. Voici quelques chiffres de comparaison :

Alger............	13° 8	Monaco...........	9° 4
Ajaccio.........	11° 6	Rome........... .	9° 3
Beaulieu	*11°*	Cannes............	9°
Ténériffe........	10°	Hyères...........	8° 5
Menton.........	9° 7	Nice.............	8° 3

Ces chiffres ne sont pas absolus ; d'après le Dr Orgeas, la moyenne hivernale de Cannes serait 10°, au lieu de 9° ; pour le Dr de Valcourt celle de Menton serait 9°7 ; pour d'autres, celle de Nice serait de 9°3, au lieu de 8°3. Quoi d'étonnant à cela ! Tout dépend de l'exposition du thermomètre, de l'endroit de la station où il est placé, et enfin des années où les observations sont prises. Menton vient aussitôt après Beaulieu avec une différence en moins de près de 1°5, écart qui sépare Menton de Nice (la station qui semble la plus froide du littoral). Il nous paraît donc que, véritablement, Beaulieu doit être considérée comme la plus chaude des stations ci-dessus. Au point de vue de la pluie, Beaulieu n'aurait que 55 jours par an et viendrait après Cannes.

Cannes....	52 jours de pluie	Nice.......	70 jours de pluie
Beaulieu.	*55* —	Menton....	78 —
Hyères.....	58 —	Pau.......	140 —

Ces observations sont d'ailleurs d'accord avec ce que montre la végétation. Les orangers, palmiers, oliviers, mimosas, eucalyptus, etc., se voient partout sur le littoral et sont remarquables à Beaulieu.

Voici la température à laquelle gèlent les principaux de ces arbres qui caractérisent le littoral :

L'oranger.....	gèle entre	3° et 6°	au-dessous du zéro
Le citronnier.	—	2° -- 4°	—
Le palmier. ..	—	3° — 6°	—
L'olivier... ...	—	7° — 11°	—

(1) Chiffre donné dans le *Guide de Beaulieu*, publié par l'Union des Propriétaires.

BAIE DE LA FORMICA (L'Hôtel Bristol)

Quant à l'*héliotrope* et au *bougainvillée*, leur susceptibilité est encore plus grande. *La présence, la vigueur, les conditions de végétation de toutes ces plantes montrent avec une impartialité incontestable la valeur d'un climat.* Or, nous insisterons sur les *citronniers* qui sont célèbres à Beaulieu par la bonté de leurs fruits et qui y poussent partout sans abri ; sur les *bananiers* qui y amènent leurs fruits à maturité ; sur les *héliotropes* en fleur tout l'hiver, enfin et surtout sur les *bougainvillées* qui tapissent les murs de notre station d'un véritable manteau de pourpre violacée. preuve d'une douceur et d'une constance remarquable de la température.

Au milieu de cette végétation tropicale et luxuriante, on peut se promener pendant de longues heures sans craindre le froid, car nulle part la *journée médicale* [1] n'est plus longue. Elle commence une heure et demie ou deux heures au plus après le lever du soleil et se termine trente ou quarante minutes avant son coucher. Aux jours les plus courts de l'année, le soleil se lève vers 8 heures: à 9 h. 1/2 ou 10 heures, on peut donc sortir et ne rentrer qu'à 3 h. 1/4 ou 3 h. 1/2, le soleil se couchant à 4 heures ; heureusement les journées ne sont que peu de temps aussi courtes.

Inutile de dire que Beaulieu, situé au bord de la mer, jouit d'un climat marin, excitant et tonique ; on peut atténuer cet effet en s'éloignant de la mer, surtout si on s'élève en même temps. Cela suffit presque toujours pour faire supporter le climat de Beaulieu même à des personnes très nerveuses; quelques-unes toutefois, très irritables, ne peuvent le tolérer ; il faut alors que ceux-là s'éloignent dans la montagne à *plusieurs kilomètres*.

De là découle une question souvent difficile à résoudre, *le choix de l'habitation*, et que seul le médecin peut trancher. Nous considérons donc qu'avant de décider une location, tout hiverneur devrait prendre l'avis de son médecin, d'autant plus que ce dernier peut seul savoir si les locaux sont habitables sans inconvénients au point de vue de l'hygiène.

(1) La journée médicale est le temps pendant lequel les malades peuvent sortir.

Considérations Générales

Pour terminer, nous allons résumer, sous cette rubrique, les principes primordiaux que l'hiverneur ne doit pas perdre de vue.

Toute personne, bien portante ou non, qui vient passer l'hiver ou une partie de l'hiver dans le Midi doit se soumettre à certaines règles pour tirer tout le bénéfice possible de son séjour.

Ces règles peuvent se résumer en un mot : *vivre hygiéniquement,* et pour cela on doit se rappeler d'abord que nous avons tous besoin d'air pur. L'habitude de dormir la fenêtre fermée est des plus funestes : *des expériences nombreuses et irréfutables ont prouvé que nous rendons par la respiration des substances éminemment toxiques même à de très faibles doses* [1]. Dans une pièce très vaste, ce grave inconvénient est un peu moins sensible, voilà tout. Le seul moyen de l'éviter est de dormir la fenêtre entrebaillée et de la tenir largement ouverte toute la journée surtout si on reste dans la chambre. Avec le climat du littoral, rien

---

(1) Gavarret introduisit des animaux sous une cloche et bien qu'il remplaçât l'oxigène dès qu'il était absorbé et absorbat l'acide carbonique dès sa production, *les animaux moururent.* Hammoud, de New-York, constata que cet air devenu irrespirable décolorait une solution de permanganate de potasse par suite des matières organiques qu'il contenait ; de même et pour la même raison il colore en jaune l'acide sulfurique et en rose une solution concentrée de nitrate d'argent. Enfin Brown-Séquard et d'Arsonval ont recueilli dans un appareil réfrigérant les vapeurs contenues dans l'air expiré par un homme et ont injecté le liquide ainsi recueilli sous la peau de lapins et de cobayes *qui sont tous morts.*

Ces expériences démontrent d'une façon péremptoire que le poumon, même sain, exhale de la vapeur d'eau chargée de poisons éminemment toxiques.

n'est plus facile que de s'habituer à l'aération continue[1] à condition d'être exposé au Midi, d'y mettre une juste progression et de suivre certaines règles.

Mais tout ne réside pas dans la cure d'air faite à domicile ; celle faite au dehors, soit au repos, soit en marchant, est en tous points préférable si rien ne la contr'indique.

L'hiverneur doit commencer par s'acclimater ; pour cela, pendant huit jours au moins, il évitera une alimentation trop abondante, trop substantielle et résistera à la griserie du ciel bleu, c'est-à-dire ne fera pas de grandes excursions[2]. Peu à peu il augmentera la longueur et la durée de ses promenades du matin et du soir, en se rappelant que la « journée médicale » commence une heure et demie ou deux heures après le lever du soleil et finit trente ou quarante minutes avant sa disparition. Surtout au début, il évitera de sortir par les temps de grand vent et y renoncera toujours les jours de pluie ; en revanche, le froid n'est plus un obstacle dès qu'on est un peu aguerri. Enfin toute personne qui a de la fièvre, si peu que ce soit, qui, le soir, atteint ou même approche de 38°, doit sans hésitation supprimer la promenade de l'après-midi, parfois même celle du matin, c'est au médecin qu'il appartient de juger.

On doit sortir le matin après avoir pris le premier déjeuner[3] et être rentré autant que possible quelque temps avant midi, afin de ne pas se mettre à table encore excité par la marche.

On évitera de sortir aussitôt après le repas et surtout de faire à ce moment une course rapide ou fatigante. *L'ombrelle et le vêtement supplémentaire sont de règle à toutes les sorties*, la première pour abriter du soleil, la seconde pour

---

(1) Elle se pratique dans certains sanatoria par le vent, la pluie, la neige, le brouillard et par des froids très rigoureux ; M. le professeur Debove a fait vivre des tuberculeux pendant tout un hiver très froid à Paris, dans une chambre d'hôpital dont il avait fait enlever les fenêtres, et cela sans accidents même sans incidents et avec le plus grand avantage.

(2) Souvent quelques petits malaises coïncident avec cette période d'accoutumance et affirment son importance.

(3) Dans certains cas, l'obésité, par exemple, on devra faire au contraire la promenade matinale à jeun.

POINTE DE LA FORMICA

protéger contre les changements brusques de température
qui se produisent lorsqu'on passe à l'ombre [1], qu'on cesse
d'être à l'abri du vent ou que le soleil se cache. D'ailleurs le
grand soleil est aussi dangereux et provoque parfois de la
congestion, surtout aux poumons; on doit toujours s'en
garantir, soit en se mettant à l'ombre des arbres qui tamisent
la lumière, soit en s'abritant avec son ombrelle ; sous aucun
prétexte on ne restera immobile à son exposition immédiate.
On doit fuir les rayons directs du soleil avec le même soin
que l ombre absolue humide et froide: ils sont aussi dangereux. Ce qu'on doit recherc er, ce qui ne se rouve que dans
le Midi, c'est la luminosité, c'est le soleil tamisé par les arbres,
c'est l'ombrage des sapins. Là on peut sans crainte s'allonger,
se reposer et respirer l'air vivifiant ; qu'on se couvre, si on a
froid (c'est pour cela qu'on doit avoir des vêtements supplé-
mentaires), mais qu'on se garde de se réchauffer en s'exposant
au plein soleil.

Quand doit-on se reposer? Avant d'être fatigué, dès
qu'on sent la moindre lassitude. D'ailleurs, pour les malades,
la formule est changée, on ne les envoie plus se « promener
dans le Midi », ils viennent *s'y reposer*. L'essoufflement, les
palpitations, les battements de cœur, la trop grande accé-
lération du pouls doivent être soigneusement évités ; leur
apparition indique d'une manière formelle qu'on doit ralentir
sa marche et même s'arrêter. L'hiverneur doit, en somme,
faire de *l'entraînement progressi*, c'est-à-dire exercer
méthodiquement ses muscles, ses poumons, son cœur et ses
vaisseaux ; qu'il n'oublie pas, en outre, que s'il est dans
un climat merveilleux, unique, il n'en doit pas moins prendre
de multiples précautions et que ce pays si utile à ceux qui
savent l'utiliser devient dangereux à l'imprudent.

Dr Hérard de Bessé.

---

(1) Cela n'est vrai que pour *l'ombre absolue*, produite par exemple
par une montagne, car l'ombre des arbres, des sapins en particulier,
n'est pas froide et doit être recherchée.

RENSEIGNEMENTS

CONCERNANT LES DIFFÉRENTS SERVICES DE LA LOCALITÉ

MAISONS RECOMMANDÉES

COMMUNE DE BEAULIEU — TARIF DES VOITURES DE PLACE — COMMUNE DE BEAULIEU

I. Tarif de la Course dans le territoire de la Commune

VOITURES	le Jour	la Nuit
Voiture à 1 cheval, à 2 ou à 4 places ou coupé..... ..	1 »	1 50
— à 2 chevaux, à 2 ou à 4 places..............	1 50	2 50

II. Tarif à l'Heure dans le territoire de la Commune

VOITURES	le Jour	la Nuit
Voiture à 1 cheval, à 2 ou à 4 places ou coupé ...	2 50	3 »
— à 2 chevaux, à 2 ou à 4 places	3 50	4 »

PROMENADES	VOITURES	PRIX de chaque promenade le Jour	la Nuit
Nice	Voiture à 1 cheval, à 2 ou à 4 places ou coupé : Aller et retour avec demi-heure de séjour ou aller seulement.................. Aller et retour avec trois heures de séjour	8 fr. 12 »	10 fr. 15 »
	Voiture à 2 chevaux à 2 ou à 4 places : Aller et retour avec demi-heure de séjour ou aller seulement........... .. ... Aller et retour avec trois heures de séjour	12 » 17 »	18 » 23 »
Monaco — Monte-Carlo — Cap-d'Ail	Voiture à 1 cheval, à 2 ou à 4 places ou coupé : Aller et retour avec demi-heure de séjour ou aller seulement .... Aller et retour avec trois heures de séjour	10 » 15 »	12 » 18 »
	Voiture à 2 chevaux, à 2 ou à 4 places : Aller et retour avec demi-heure de séjour ou aller seulement................. Aller et retour avec trois heures de séjour	15 » 20 »	20 » 25 »
Roquebrune — Menton	Voiture à 1 cheval, à 2 ou à 4 places ou coupé avec deux heures de séjour....	25 »	»
	Voiture à 2 chevaux à 2 ou à 4 places avec deux heures de séjour..........	30 »	»

PROMENADES	VOITURES	PRIX de chaque promenade le Jour	la Nuit
Nice par la route du Montboron	Avec une voiture à 2 chevaux, à 2 ou à 4 places : Aller et retour avec deux heures de séjour	20 »	»
Villefranche — St-Jean et St-Hospice — Cap-Ferrat (le lac) — Eze (la gare)	Voiture à 1 cheval, à 2 ou à 4 places ou coupé : Aller et retour avec un quart d'heure de séjour ou aller seulement.......... Aller et retour avec une heure et demie de séjour.................. Voiture à 2 chevaux, à 2 ou à 4 places : Aller et retour avec un quart d'heure de séjour ou aller seulement .... Aller et retour avec une heure et demie de séjour.................	4 » 6 » 6 » 8 »	Même tarif que le jour
villa Salisbury — Cap-Ferrat (le phare)	Voiture à 1 cheval, à 2 ou à 4 places avec une heure et demie de séjour......... Voiture à 2 chevaux, à 2 ou à 4 places avec une heure et demie de séjour....	9 » 12 »	» »
l'Observatoire (retour par Nice)	Voiture à 1 cheval, à 2 ou à 4 places avec deux heures de séjour .... Voiture à 2 chevaux, à 2 ou à 4 places avec deux heures de séjour	20 » 25 »	» »
Eze (le village)	Voiture légère à 2 chevaux, à 2 ou à 4 places avec trois heures de séjour	40 »	»
Laghetto	Voiture à 2 chevaux, à 2 ou à 4 places avec trois heures de séjour	35 »	»
La Turbie — Roquebrune — Monte-Carlo — Monaco	Voiture à 2 chevaux, à 2 ou à 4 places avec trois heures de séjour : aller par la Corniche et retour par le littoral . .	30 »	»

Chaque heure d'attente en plus du temps mentionné est payée 2 fr 50 pour la voiture à 1 cheval, et 3 fr. pour celle à 2 chevaux.

POSTES et TÉLÉGRAPHES - TÉLÉPHONE

DÉPART ET ARRIVÉE DES COURRIERS

Heures de la Gare

Départ du Bureau de Poste 20 minutes avant

DÉPART				ARRIVÉE			
FRANCE		ITALIE		FRANCE		ITALIE	
Nº train	Heures	Nº train	Heures	Nº train	Heures	Nº train	Heures
54	7 h. 28	177	6 h. 52	54	7 h. 27	177	6 h. 50
10	2 h. 55	43	12 h. 49	10	2 h. 54	43	12 h. 48
50	7 h. 04	9	2 h. 11	50	7 h. 03	9	2 h. 13
8	10 h. 01			8	10 h. 00		

La levée des boîtes à la gare se fait 10 minutes avant les trains

DISTRIBUTION DES COURRIERS

France et Étranger

8 heures le matin et 4 h. 15 le soir

HEURES D'OUVERTURE DU BUREAU

Du 15 Novembre au 30 Avril, de 8 heures du matin à 9 heures du soir

Les guichets postaux sont ouverts les Dimanches et jours fériés jusqu'à 4 heures seulement

Les guichets télégraphique et téléphonique sont ouverts en permanence de 8 h. du matin à 9 h. du soir

Les dimanches et jours fériés, la distribution du courrier se fait aux guichets postaux de 3 à 4 heures

SERVICES RELIGIEUX

Eglise Catholique Paroissiale

SERVICES

Dimanche :

Messe basse...................	6 h. 1/4
Grande Messe, Prône	9 h. 3/4
Vêpres et Salut..............	2 h. 1/2

La semaine, messe basse tous les matins à 7 heures

N.-B. — Pour plus amples renseignements, prière de consulter le tableau affiché chaque semaine à la porte de l'église pour les heures et les offices de la semaine.

Society for the Propagation of the Cospel in Foreing Parts

CONTINENTAL CHAPLAINCIES

DIVINE SERVICE
WILL BE HELD AT St MICHAEL'S CHURCH
BEAULIEU

On Sundays during the Season 1899–1900
AS FOLLOWS : —

HOLY COMMUNION. — 2nd, 4th & 5th Sundays in the mouth, 8-30, A. M.

MORNING PRAYER. — 10-45, A. M.

HOLY COMMUNION. — 1st & 2st Sundays in the meuth mill day, A. M.

EVENING PRAYER. — 3-00, P. M.

WEDNESDAYS & TRIDAYS. — 9-30, A. M.

Services on Saints'days & Holy days according to notice given in Church on the previous Sunday.

Nesfield Andrews Chaplain.

TARIF

DES

Bateaux pour Courses et Promenades en mer

(ARMÉS AU BORNAGE)

Double course de BEAULIEU à VILLEFRANCHE, NICE, ou MONACO, avec une heure d'arrêt :

    Une à trois personnes .... Fr. 20 »
    Chaque personne en plus ...... — 2 50

Double course de BEAULIEU à SAINT-JEAN, à une demi-heure d'arrêt seulement :

    Une à trois personnes .... Fr. 5 »
    Chaque personne en plus ...... — 0 75

Aller seulement de BEAULIEU à SAINT-JEAN, et vice-versa :

    Une à quatre personnes........ Fr. 3 »
    Chaque personne en plus ...... — 0 50

Course de BEAULIEU à EZE simple, ou double course sans arrêt :

    Une à trois personnes .... Fr. 5 »
    Chaque personne en plus ...... — 1 25

Course de BEAULIEU à LA TURBIE, CAP D'AGLIO :

    Une à trois personnes .... Fr. 12 »
    Chaque personne en plus ...... — 1 50

L'heure pour Pêche ou Promenade :

    Une à trois personnes .... Fr. 3 »
    Chaque personne en plus....... — 0 75

Toute heure commencée depuis 5 minutes doit être payée entière ; le paiement des courses, même avec retour, s'effectue au premier débarquement ; toute heure ou demi-heure de stationnement dépassée de 5 minutes est payée en plus au tarif de l'heure.

✿ BEAULIEU ✿

10 kilomètres de Nice. — 1.058 habitants. — Superficie : 92 hectares

Les Hôtels, Villas, Promenades sont mentionnés dans le Plan

PROFESSIONS ET MÉTIERS PAR ORDRE ALPHABÉTIQUE

Agences. — Bovis. — Duboc. — Kurz.

Architectes. — Bovis, propriété Icart.— Delor, propr. Giaume.

Ameublement. — Ciaudo.

Aubergistes-Cabaretiers. — Bayma. — Bessi. — Braggiotti. — Bosio. — Ciais B. — Ciais H. — Giaume Ant. — Giaume S. — Garziglia L. — Mongenotti.

Bazar-Mercerie. — Rousseau. — Roux.

Boulangers. — Giaume Joseph. — Schneider. — Séméria D.

Bouchers. — Boniard. — Colomas. — Lambert P.

Banque Populaire de Menton.

Bois et Charbon. — Ferrari P. — Giaume Joseph. — Lacqua.

Couturières. — Mᵐᵉ Bailet. — Mᵐᵉ Schneider.

Coiffeurs. — Arnulf. — Manni Ant.

Cordonniers. — Amerio. — Ercole. — Gastaldi.

Charcutiers. — Chôlet.

Charpentiers en bateaux. — Ciais F. — Ciais J.-F.

Chaudronnier — Sirie.

DOCTEURS. — Costes, maison Caraveu. — Hérard de Bessé, maison Maiffret.— Jays, maison Giaume — Johnston Lavis, propriété Lavis.

Droguerie. — Albin B.

Epiciers. — Bayma. — Ciais H. — Ferrari P. — Gastaud. — Giaume Joseph. — Giaume S. — Garziglia L. — Olmeda. — Séméria D.

Entrepreneurs Maçonnerie. — Ferrari P. — Lorenzi Joseph. — Lorenzi François.

Ferblantiers-Lampistes. — Dellavalle. — Icart. — Perissol. — Raymond.

Hôtels-Restaurants. — Beau-Rivage. — Hôtel de la Gare. — Hôtel du Commerce.

Horticulteurs-Fleuristes. — Coulomb. — Carbonatto. — Gastaud· — Hickel. — Maiffret. — Mouton. — Roux.

Horloger. — Vaggionne.

Laitiers. — Lanteri. — Pastorelli. — Sassi.

Loueurs de Voitures. — Bienvenu. — Dalbera. — Emile. — Gueït. — Riccobono. — Tournaire. — Yves.

Manège Vélocipédique. — Meunier.

Masseuse. — Mme Rabery.

Menuisiers. — Coïglio. — Morenna. — Toscan.

Maréchal-Ferrant. — Fernand.

Notaire. — Amici.

PHARMACIES. — Grosgurin, route Nationale. — Tomasi, Grand Boulevard.

Pâtissiers. — Eckimberg. — Giaume Joseph.

Pianos et Leçons. — Abbiatti. — Duboc.

Professeurs. — M. Bourne (anglais). — M. Delbene (italien). — Mme Garziglia (français). — Mlle Rabery (français).

Peintres en bâtiments. — Albin B. — Mosca S. — Viotti et Gavarro.

Repasseuses et Blanchisseuses. — Mme Allavena — Mme Braggiotti. — Mme Bussi. — Mme Gueït. — Mme Lorenzi. — Mme Virgelin.

Sage-Femme. — Mme Masson.

Serruriers. — Gianetto. — Truchi.

Tailleurs. — Barriera. — Pachiaudi.

Tabacs. — Ciais B., bureau de recette. — Sartori, débit

Tram-Omnibus -- Nice-Villefranche-Saint-Jean

HORAIRE D'HIVER 1899-1900

Départs de Nice		Départs de Saint Jean	
Matin	6 h. 30	Matin	5 h. 30
»	8 h. 30	»	8 h. »
»	11 h. »	»	11 h. 30
Soir	1 h. 30	Soir	2 h. »
»	4 h. »	»	4 h. 30
»	6 h. »		

PRIX DES PLACES

De Nice à Villefranche........................... 0 fr. 30
De Nice au Pont-Saint-Jean (à 5 minutes de Beaulieu) 0 fr. 50
De Nice à Saint-Jean .... 0 fr. 60

NOTA. — Pendant les Fêtes et le séjour de l'Escadre en rade de Villefranche, le prix des places de Nice à Villefranche est de 0 fr. 50 centimes. (TARIF MUNICIPAL).

Maison fondée en 1892

PHARMACIE ANGLAISE

BRITISH AND AMERICAN PHARMACY - *Téléphone* - DEUTSCHE APOTHEKE

BEAULIEU (A.-M.) en face la Poste

J. P. TOMASI

Pharmacien de 1re Clase de l'École Supérieure de Montpellier

VERY OLD QUALIFIED ENGLISH CHEMIST AT BEAULIEU

Prix Modérés PRODUITS FRANÇAIS ET ÉTRANGERS On porte à domicile

---

Oxygène retiré de l'air — Parfumerie — Accessoires de Pharmacie
Analyses Médicales (VIN, LAIT, URINE, CRACHATS, etc.)
Cabinet noir et produit pour Photographie
Électricité Médicale, Rayon X de Rœntgen, Eaux Minérales
Françaises et Étrangères, Fabrique d'Eaux Gazeuses en Siphons
stérilisés.

*Manufacturer of pure aerated waters in syphons bottles
Homœopathic and english patent medicines.*

HOTEL BRISTOL

BEAULIEU

Open from December to May — ⁑ — **Sea-View from nearly every room**

Luxuriously Furnished

Modern English Sanitation

SEA-WATER BATHS

in the Hôtel

Electric Light throughout

SPACIOUS PRIVATE GARDENS WITH TERRACES TO THE SEA

*The **Choice Italian Orchestra** plays in the Restaurant for Lunch & Dinner and in the Winter-Garden during afternoon Tea.*

GRANDS
Hôtels des Anglais et Victoria

These first-rate establishments are beatifully situated with extensive view of sea & mountains. Suites of private rooms for families at moderate terms for a protracted stay.

LIFTS
◆-⊹ ELECTRIC LIGHT ⊹-◆
TELEPHONE

H. Arnold, Prop.

PHARMACIE ANGLO-FRANÇAISE
The British Pharmacy — *Deutsche Apotheke*
Pharmacie Homœopathique Sauter, Mattei, etc.
CH. GROSGURIN, Pharmacien-Chimiste
Téléphone — BEAULIEU-SUR-MER — Téléphone

Les prescriptions sont scrupuleusement exécutées, d'après la pharmacopée de chaque pays, par des assistants diplômés.
Prix des Grandes Maisons de Londres et de Paris.

GRAND HOTEL MÉTROPOLE

SITUATION UNIQUE AU BORD DE LA MER

Exposition en plein Midi

ARRANGEMENTS POUR FAMILLES

CONFORTABLE ET CUISINE RENOMMÉE

Lift. — Téléphone

FERRARI & FERRAND,
PROPRIÉTAIRES.

BEAULIEU-SUR-MER

A. MANNI

COIFFEUR DE PARIS

Pour Dames et Messieurs

Téléphone - **Hair dresser for Ladies and Gentlemen** - English Spoken

BEAULIEU-SUR-MER (Derrière l'Hôtel Bristol) BEAULIEU-SUR-MER

BOND'S PRIVATE HOTEL

A comfortable well-drained and ventilated first-class house, charmlingly situated, Lovely Garden, Facing full South, 5 minutes, walk from Station, Church, and Sea. Recommended for its excellent cuisine, and comfort.   Proprietor, J. BOND.

MESSAGERIES INTERNATIONALES

EXPÉDITIONS POUR TOUS PAYS

Service Spécial pour expéditions de bagages
sans visite de douane

BOIN & CONSTANTIN

Téléphone — Nice, 4, rue Garnier, 4 - Téléphone

Garde-meuble et magasins assurés pour dépôt des bagages
Les plus Vastes du Littoral

Vente de Billets de chemins de fer et Billets circulaires
Enregistrement de bagages à l'avance
Correspondants des Chemins de fer de l'Ouest et du London
Brighton and Sonth Coasth Ry

Expéditions pour l'Angleterre, l'Amérique, Via Dieppe et le Havre
TARIFS RÉDUITS

VINTIMILLE (frontière franco-Italienne). Agents en douane
Agence à Béaulieu (BOVIS, Directeur)

GRAND ÉTABLISSEMENT DE FLEURS

Alexandre MAIFFRET, Propriétaire

EXPÉDITIONS POUR TOUS PAYS

BEAULIEU-SUR-MER — *Route Nationale* — BEAULIEU-SUR-MER

A la SOURCE DES MANDARINES

Production renommée

P. LAUTIER, Propriétaire

SITUATION ET VUE SPLENDIDE

(On peut visiter)

HOTEL BEAULIEU, Maison de 1er ordre

CHARMING GARDEN

Cuisine Recommandée

ARRANGEMENTS POUR FAMILLE

J. CARAVEU, Propriétaire-Directeur

HOTEL BEAU RIVAGE, *ouvert toute l'année.*

Beaulieu-sur-Mer.

GRAND RESTAURANT RÉSERVE
du Jardin d'acclimatation de Paris
Cap-Ferrat
Vue Magnifique sur la mer.— Bar Américain.— Salons particuliers
Five o'clock Tea
RESTAURANT A LA CARTE CHIFFRÉE
Daumalle, propriétaire.

Maison Joseph SARDO
QUINCAILLERIE, LAMPISTERIE
ARTICLES DE MÉNAGE
COURONNES MORTUAIRES — PHOTOLINE
A. SARDO et G. RAYMOND, Successeurs
BEAULIEU — Grand Boulevard — BEAULIEU
Maison principale à NICE, descente de la Caserne

CHAPELLERIE L. BLANCHI
NICE — 57, Rue Gioffredo, 57 — NICE
(A coté de l'Hôtel du Helder)

Chapeaux de Premières Marques Anglaises et Françaises

PRIX TRÈS MODÉRÉS

THE EMPRESS HOTEL

Vue Magnifique sur la Mer

Jardin, Restaurant en plein soleil

ARRANGEMENT POUR SÉJOUR

PRIX MODÉRÉS

Beaulieu-sur-Mer

A. BRUNNER, propriétaire.

HORLOGERIE & BIJOUTERIE
César VAGGIONE

Réparations — Abonnement pour remontage — Pendules
Entretien des bijoux à domicile.

Faïences d'Art de la Maison Dauphin Massier
DE VALLAURIS

Grand Boulevard **BEAULIEU** Grand Boulevard

L'AVENIR DE BEAULIEU

Directeur : E. RODIER

JOURNAL HEBDOMADAIRE

Paraissant le Dimanche

Chroniques — Actualités — Compte-Rendus des Théâtres de Nice et de Monte-Carlo

Liste des Étrangers

DESCENDUS DANS LES VILLAS, APPARTEMENTS ET HOTELS

FAITS DIVERS

CHRONIQUE DES SPORTS, ETC.

LE NUMÉRO : 10 CENTIMES

BUREAUX { Villa Séméria, Beaulieu, et à Nice : 15, Avenue de la Gare

NICE-BEAULIEU **TÉLÉPHONE** NICE-BEAULIEU

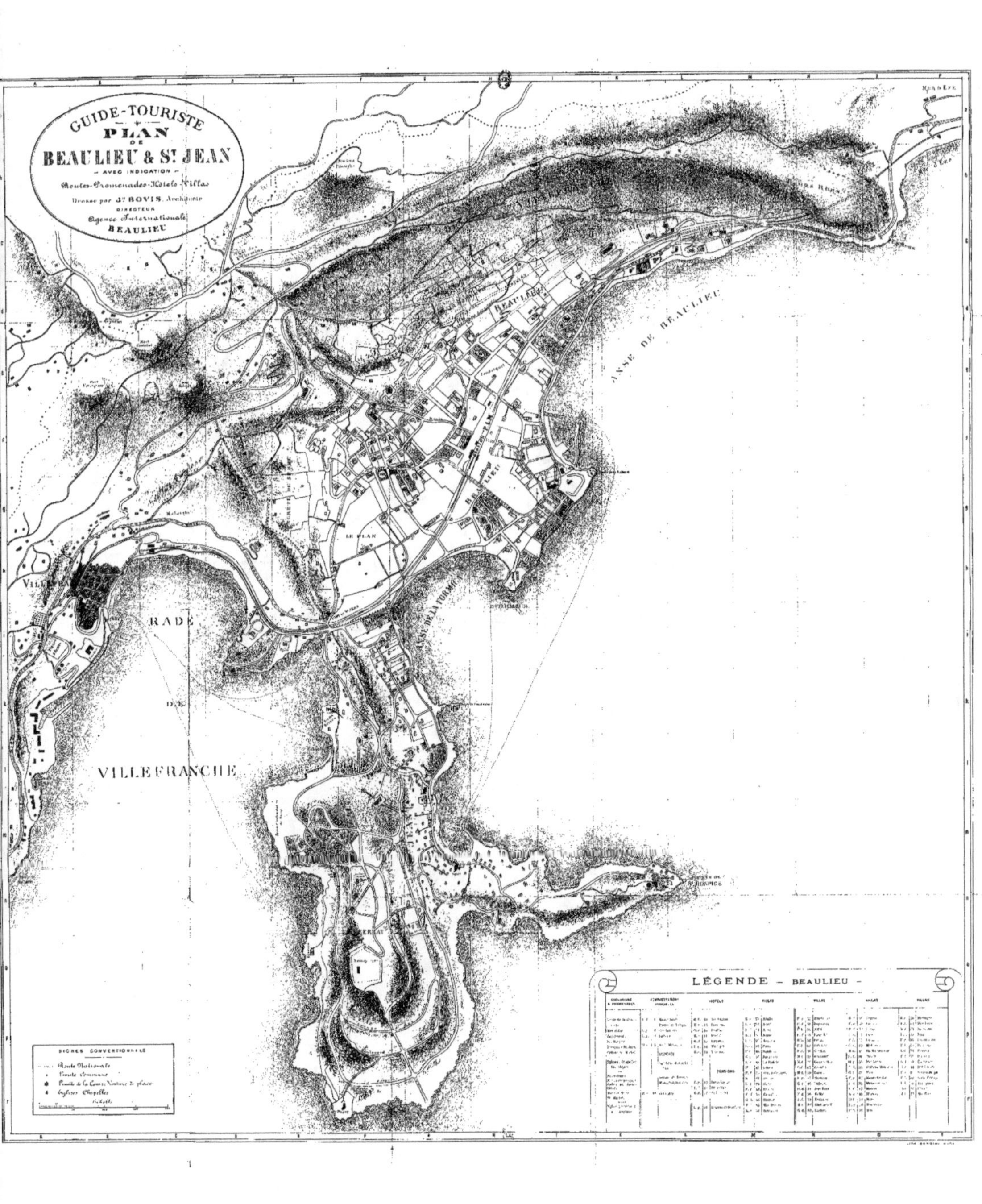

GUIDE-TOURISTE
PLAN
DE
BEAULIEU & St JEAN
AVEC INDICATION
Routes-Promenades-Hôtels-Villas
Dressé par J. ROVIS, Architecte
DIRECTEUR
Agence Internationale
BEAULIEU
BEAULIEU
ANSE DE BEAULIEU
RADE
DE
VILLEFRANCHE
LE PLAN
SIGNES CONVENTIONNELS
Route Nationale
Route Communale
Limite de la Commune
Églises Chapelles
LÉGENDE - BEAULIEU -

227